Illustrationen und Rezepte von Barbara Behr

Wenn Engel backen…

50 himmlische Weihnachtsrezepte

Hölker Verlag

Verzeichnis der Rezepte

Verzeichnis der

Engelbusserl: Aprikosen-Makronen

Für ca. 40 Stück:
3–4 Eiweiß
65 g Zucker
25 g Speisestärke
115 g Puderzucker
10 g frische Ingwerwurzel (evtl. weniger)
100 g getrocknete Aprikosen
75 g fein gemahlene Haselnüsse
50 g brauner Zucker
Aprikosenkonfitüre oder
rotes Johannisbeergelee zum Füllen

Den Backofen auf 150 °C vorheizen. Die Eiweiße mit Zucker und Stärke zu steifem Schnee schlagen, den gesiebten Puderzucker unterheben. Den Ingwer schälen. Aprikosen und Ingwer fein hacken, beides mit Nüssen und braunem Zucker mischen und unter die Baisermasse heben. Mithilfe von zwei Teelöffeln Häufchen auf ein mit Backpapier ausgelegtes Blech setzen und jeweils eine kleine Mulde in die Mitte drücken. Auf der mittleren Schiene im vorgeheizten Ofen etwa 25 Minuten backen. Herausnehmen und auf einem Kuchengitter abkühlen lassen. Die abgekühlten Makronen mit der leicht erwärmten Konfitüre oder dem Gelee füllen.

Weihnachtswölkchen: Schoko-Makronen

Für ca. 30 Stück:
3 Eiweiß
150 g Zucker
1 Päckchen Vanillezucker
150 g gemahlene Haselnüsse
100 g geriebene Kuvertüre
1 EL fein gehackter frischer Ingwer

Den Backofen auf 160 °C vorheizen. Die Eiweiße sehr steif schlagen, dabei nach und nach Zucker und Vanillezucker einrieseln lassen. Nüsse, geriebene Kuvertüre und fein gehackten Ingwer vorsichtig unter den Eischnee heben. Masse in einen Spritzbeutel mit Sterntülle füllen und kleine Tupfen auf ein mit Backpapier ausgelegtes Blech spritzen. Im vorgeheizten Ofen etwa 30 Minuten backen. Herausnehmen und die Makronen auf einem Kuchengitter abkühlen lassen.

Engel-Begegnung: Schwarzweißgebäck

Für ca. 25 Stück:
250 g Mehl
1 Msp. Backpulver
125 g Butter
75 g Zucker
1 Päckchen Vanillezucker
1 Prise Salz
3 Eigelb
2 EL Kakao
Mehl zum Ausrollen
2 EL Milch zum Bestreichen

Mehl mit Backpulver mischen. Mit Butter, Zucker, Vanillezucker, Salz, 2 Eigelben und evtl. 1–2 Esslöffeln kaltem Wasser zu einem festen Teig kneten. Den Teig halbieren, unter eine Hälfte den Kakao und 1 Esslöffel Wasser kneten. Beide Teige in Klarsichtfolie wickeln und für 1 Stunde kühl stellen.

Teige getrennt auf wenig Mehl etwa 1 Zentimeter dick ausrollen. Für ein Schachbrettmuster in 1 Zentimeter breite Stangen schneiden. Das verbliebene Eigelb mit Milch verrühren. Teigstangen damit bestreichen und so neben- und aufeinanderlegen, dass im Querschnitt ein Schachbrettmuster entsteht. Dabei vorsichtig andrücken. Nach Belieben zusätzlich in eine dünnere Teigplatte wickeln. Für Spiralen je eine dünne Platte von jeder Sorte dünn mit Eiermilch bepinseln, aufeinanderlegen und fest aufrollen. Die vorbereiteten Teigstränge in Klarsichtfolie wickeln und 1 Stunde kühl stellen.

Den Backofen auf 175 °C vorheizen. Die Teigstränge und -rollen in etwa 4 Millimeter dicke Scheiben schneiden, auf ein mit Backpapier ausgelegtes Blech legen und im vorgeheizten Ofen in etwa 15 Minuten hell backen. Herausnehmen und auf einem Kuchengitter abkühlen lassen.

Himmelsspiel: Walnussbällchen

Für ca. 35 Stück:
100 g weiche Butter
5 Eier
1 Prise Salz
abgeriebene Schale von
1 unbehandelten Zitrone
250 g Zucker
250 g Mehl
200 g gemahlene Walnüsse
Puderzucker zum Bestäuben
75 g Puderzucker
2 TL Zitronensaft
ca. 35 Walnusshälften

Die Butter cremig rühren. Eier, Salz, abgeriebene Zitronenschale, Zucker, Mehl und gemahlene Walnüsse dazugeben. Alles zu einem glatten Teig verarbeiten. In Klarsichtfolie wickeln und 1 Stunde kalt stellen.
Den Backofen auf 180 °C vorheizen. Den Teig zu walnussgroßen Bällen formen und auf ein mit Backpapier ausgelegtes Blech legen. Im vorgeheizten Ofen etwa 20 Minuten backen. Herausnehmen und auf einem Kuchengitter abkühlen lassen. Die Walnussbällchen mit Puderzucker bestäuben. Aus Puderzucker und Zitronensaft eine Glasur rühren. Auf jedes Bällchen mit etwas Zuckerglasur 1 Walnusshälfte kleben.

Himmelsgold: Ingwer-Kokos-Makronen

Für ca. 40 Stück:
1 Stück frische Ingwerwurzel (ca. 30 g)
4 Eiweiß
1 TL Zitronensaft
200 g Zucker
200 g Kokosraspel
50 g Zartbitterkuvertüre

Den Backofen auf 150° C vorheizen. Den Ingwer schälen und fein hacken. Die Eiweiße mit Zitronensaft steif schlagen. Den Zucker nach und nach zufügen und weiterschlagen, bis die Masse steif ist und glänzt. Ingwer und Kokosraspel kurz unterrühren.
Mithilfe von zwei Teelöffeln walnussgroße Häufchen von der Eischneemasse auf ein mit Backpapier ausgelegtes Blech setzen und im vorgeheizten Ofen in etwa 30 Minuten hell backen. Herausnehmen und auf einem Kuchengitter abkühlen lassen.
Die Kuvertüre hacken, über einem heißen Wasserbad schmelzen und in einen Gefrierbeutel geben. Eine kleine Ecke abschneiden und die Makronen mit der Schokolade verzieren. Trocknen lassen.

Himmelskrümel: Nuss-Streusel-Plätzchen

Für 25–30 Stück:

Für den Teig:
200 g Zucker
1 Päckchen Vanillezucker
1 Prise Salz
175 g Butter
250 g Mehl
1 TL Backpulver
75 g gemahlene Haselnüsse
2 EL Mandellikör (z. B. Amaretto)

Für die Streusel:
250 g Mehl
100 g Zucker
abgeriebene Schale von 1 unbehandelten Zitrone
125 g Butter

Außerdem:
Mehl zum Ausrollen
Haselnusskerne zum Garnieren

Für den Teig Zucker und Vanillezucker mit Salz und Butter cremig rühren. Mehl mit Backpulver mischen und samt Haselnüssen und Mandellikör zufügen. Alles zu einem glatten Teig verkneten, in Klarsichtfolie wickeln und für 30 Minuten kalt stellen.
Für die Streusel Mehl, Zucker und Zitronenschale mit der Butter zu Streuseln verkneten.

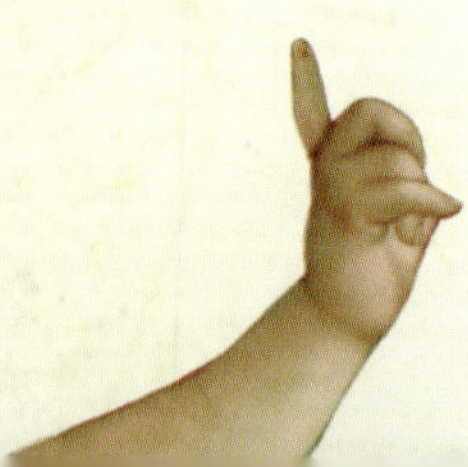

Den Backofen auf 180 °C vorheizen. Den Teig auf bemehlter Fläche 3 Millimeter dick ausrollen. Runde Plätzchen von etwa 5 Zentimetern Durchmesser ausstechen und auf ein mit Backpapier ausgelegtes Blech legen. Streusel auf den Plätzchen verteilen und jeweils 1 Haselnuss in die Mitte drücken. Im vorgeheizten Ofen 10–15 Minuten backen. Herausnehmen und auf einem Kuchengitter abkühlen lassen.

Engelchens Sünde: Nuss-Stangen

Für ca. 40 Stück:
250 g Mehl
200 g Butter
200 g Zucker
200 g gemahlene Haselnüsse
1 Ei
125 g Puderzucker

Mehl, Butter, Zucker und Nüsse in eine Rührschüssel geben. Das Ei trennen, das Eigelb zu den übrigen Zutaten geben und alles zügig verkneten. Den Teig in Klarsichtfolie wickeln und etwa 30 Minuten kalt stellen.
Den Backofen auf 180 °C vorheizen. Den Teig zwischen zwei Lagen Backpapier ausrollen und in etwa 7 Zentimeter lange 2–3 Zentimeter breite Streifen schneiden. Das Eiweiß steif schlagen, den Puderzucker nach und nach zufügen. Den Eischnee in einen Spritzbeutel mit Sterntülle füllen. Die Nuss-Streifen damit verzieren und im vorgeheizten Ofen etwa 20 Minuten backen. Herausnehmen und auf einem Kuchengitter abkühlen lassen.

Mondenkind: Minz-Monde

Für 25–30 Stück:

Für die Füllung:
40 ml Sahne
80 g Zartbitterkuvertüre
ca. 1/4 TL Minzöl

Für den Teig:
60 g Butter
40 g Zucker
1 Prise Salz
1 Eigelb
125 g Mehl
1 Msp. Backpulver
Mehl zum Ausrollen

Für den Guss:
60 g Puderzucker
ca. 1/4 TL Minzöl
grüne Lebensmittelfarbe

Für die Füllung die Sahne aufkochen. Kuvertüre grob hacken und in der heißen Sahne schmelzen. Mit dem Minzöl abschmecken und etwa 4 Stunden kühl stellen.
Inzwischen für den Teig die Butter mit Zucker, Salz und Eigelb schaumig rühren. Mehl und Backpulver mischen und alles mit 1–2 Esslöffeln kaltem Wasser rasch zu einem glatten Teig verkneten. In Klarsichtfolie wickeln und für 1 Stunde kühl stellen.
Den Backofen auf 175 °C vorheizen. Den Teig auf wenig Mehl portionsweise 3 Millimeter dick ausrollen. Monde ausstechen und auf ein mit Backpapier ausgelegtes Blech setzen. Im vorgeheizten Ofen in 12–14 Minuten hell backen. Herausnehmen und auf einem Kuchengitter abkühlen lassen.
Für den Guss den Puderzucker mit wenig Wasser glatt rühren, mit Minzöl abschmecken und mit Lebensmittelfarbe hellgrün einfärben. Die Hälfte der Monde damit bestreichen und trocknen lassen. Die Masse für die Füllung kurz aufschlagen, auf die verbliebenen Monde streichen, die Monde mit Zuckerguss daraufsetzen und fest werden lassen.

Tipp: Die Monde mit grünen Minizuckerperlen bestreuen.

Weihnachtsfestlich: Orangenmonde

Für 25–30 Stück:
200 g Mehl
1 TL Backpulver
125 g weiche Butter
125 g Zucker
1 Prise Salz
1 Päckchen Orangen-Aroma
1–2 TL Orangenblütenwasser (Apotheke)
2 EL Kakao
75 g Vollmilchkuvertüre
Zuckerperlen

Mehl mit Backpulver vermischen. Butter, Zucker und Salz zufügen und alles rasch verkneten. Den Teig halbieren, unter eine Hälfte das Orangen-Aroma und 1–2 Teelöffel Orangenblütenwasser kneten, unter die zweite Hälfte den Kakao und 1–2 Esslöffel kaltes Wasser arbeiten. Beide Teige in Klarsichtfolie wickeln und für 1 Stunde kühl stellen.
Den Backofen auf 180 °C vorheizen. Die Teige getrennt voneinander zwischen zwei Lagen Klarsichtfolie 3 Millimeter dick ausrollen und Kreise von etwa 6 Zentimetern Durchmesser ausstechen. Einen Teil davon zu Halbmonden halbieren. Jeweils einen Halbmond von einer Teigsorte auf einen Vollmond von der anderen setzen und leicht festdrücken. Auf mit Backpapier ausgelegte Bleche legen und im vorgeheizten Ofen etwa 15 Minuten backen. Herausnehmen und die Plätzchen auf einem Kuchengitter abkühlen lassen. Die Kuvertüre hacken und über einem heißen Wasserbad schmelzen. Die Monde damit bestreichen und mit Zuckerperlen verzieren.

Abendrot: Orangen-Zimt-Plätzchen

Für 30–35 Stück:
300 g Mehl
1 Msp. Backpulver
125 g weiche Butter
abgeriebene Schale und Saft
von 1 unbehandelten Orange
125 g Zucker
1 Prise Salz
1–2 TL gemahlener Zimt
2 Eier
Mehl zum Ausrollen
250–350 g Puderzucker
Zuckerperlen, Schokodekor und/oder
Hagelzucker nach Belieben

Das Mehl mit Backpulver mischen und mit Butter, Orangenschale, 1 Esslöffel Orangensaft, Zucker, Salz, Zimt und Eiern zu einem glatten Mürbeteig verkneten. Diesen in Klarsichtfolie wickeln und 1 Stunde kalt stellen. Den Backofen auf 175 °C vorheizen. Den Teig auf leicht bemehlter Fläche etwa 4–5 Millimeter dick ausrollen. Mit verschiedenen Ausstechern Plätzchen ausstechen und auf ein mit Backpapier ausgelegtes Blech legen. Im vorgeheizten Ofen 12–15 Minuten backen. Herausnehmen und auf einem Kuchengitter abkühlen lassen.
Den Puderzucker sieben und mit dem verbliebenen Orangensaft zu einem Guss verrühren. Die fertigen Plätzchen damit bestreichen. Nach Wunsch mit Zuckerperlen, Schokodekor und/oder Hagelzucker verzieren und fest werden lassen.

Engelsgleich: Orangen-Schoko-Plätzchen

Für 30–35 Stück:
100 g Puderzucker
1 Prise Salz
200 g weiche Butter
1 Ei
4 EL Orangensaft
abgeriebene Schale von
2 unbehandelten Orangen
50 g fein gehacktes Orangeat
300 g Mehl
50 g gemahlene Mandeln
Mehl zum Ausrollen
100 g Vollmilch-Kuvertüre
100 g weiße Kuvertüre
200 g Orangenmarmelade

Den gesiebten Puderzucker mit Salz und Butter cremig rühren. Ei, Orangensaft und -schale zufügen. Orangeat mit Mehl und Mandeln unterkneten. Den Teig in Klarsichtfolie wickeln und 2–3 Stunden kühl stellen. Den Backofen auf 175 °C vorheizen. Den Teig auf wenig Mehl etwa 3 Millimeter dick ausrollen, mit verschiedenen Formen Plätzchen ausstechen – so, dass immer zwei zusammenpassen – und auf ein mit Backpapier ausgelegtes Blech legen. Im vorgeheizten Ofen 15–20 Minuten backen. Herausnehmen und auf einem Kuchengitter abkühlen lassen.
Die Kuvertüren getrennt über einem heißen Wasserbad schmelzen lassen. Die Hälfte der Plätzchen damit überziehen und verzieren. Die Marmelade leicht erwärmen. Die andere Hälfte der Plätzchen damit bestreichen und mit einem passenden Keks mit Schokoladenguss zusammensetzen.

Wonnetraum: Marzipan-Kirsch-Taler

Für ca. 30 Stück:
200 g weiche Butter
125 g Zucker
1 Prise Salz
1 Ei
200 g Mehl
1 TL Backpulver
100 g Marzipanrohmasse
50 g getrocknete Kirschen
50 g Vollmilchkuvertüre

Den Backofen auf 175 °C vorheizen. Butter mit Zucker und Salz cremig schlagen. Das Ei unterrühren. Mehl und Backpulver mischen und nach und nach unter den Teig rühren. Marzipanrohmasse würfeln, Kirschen halbieren und beides unterheben.
Mithilfe von zwei Teelöffeln walnussgroße Häufchen mit reichlich Abstand auf ein mit Backpapier ausgelegtes Blech setzen und etwas flach drücken. Im vorgeheizten Ofen etwa 15 Minuten backen, bis die Ränder goldbraun werden. Herausnehmen, 5 Minuten auf dem Blech abkühlen lassen, auf ein Kuchengitter setzen und komplett auskühlen lassen. Die Kuvertüre hacken, über einem heißen Wasserbad schmelzen und in einen Gefrierbeutel geben. Eine kleine Ecke abschneiden und die Taler mit feinen Schokoladenstreifen verzieren. Trocknen lassen.

Sternenhimmel: Spritzgebäck mit Marzipan

Für ca. 65 Stück:

Für den Teig:
2 Eigelb
250 g Zucker
4 Eiweiß
1 Päckchen Vanillezucker
3 EL Speisestärke
100 g weiße Schokoladenstreusel
200 g gemahlene Haselnüsse

Für die Dekoration:
150 g Marzipanrohmasse
200 g Puderzucker
rote Lebensmittelfarbe
1/2 Eiweiß

Den Backofen auf 160 °C vorheizen. Für den Teig die Eigelbe mit der Hälfte des Zuckers dick-cremig rühren. Eiweiße mit dem restlichen Zucker und Vanillezucker zu steifem Schnee schlagen. Eigelbcreme und Eischnee mit einem Teigspatel vorsichtig mischen. Speisestärke, weiße Schokoladenstreusel und gemahlene Haselnüsse unter die Eimasse heben.
Den Teig in einen Spritzbeutel mit Lochtülle füllen. Viele Sterne und einige Monde auf ein mit Backpapier ausgelegtes Blech spritzen. Dabei große Abstände lassen, da der Teig etwas auseinanderläuft. Im vorgeheizten Ofen etwa 15 Minuten backen. Herausnehmen und auf einem Kuchengitter abkühlen lassen.
Für die Dekoration das Marzipan zerbröckeln. Mit 80 Gramm Puderzucker verkneten, dabei mit Lebensmittelfarbe rosa einfärben. Das Marzipan auf Puderzucker dünn ausrollen. Sterne und Monde ausstechen. Den restlichen gesiebten Puderzucker mit dem Eiweiß kräftig verrühren, so dass ein weiße Glasur entsteht. In einen Gefrierbeutel füllen, ein Eckchen abschneiden und die Marzipan-Sterne und -Monde mit der Glasur dekorieren. Jeweils mit einem Tupfer Glasur auf die Plätzchen kleben.

Tipp: Beim Einfärben des Marzipans ist gründliches Kneten wichtig, damit die Farbe schön gleichmäßig wird. Beim Ausrollen Puderzucker auf die Arbeitsplatte geben und zwischen Marzipan und Teigrolle ein Stück Klarsichtfolie legen, damit es nicht anklebt.

Engelsringe: Spritzkringel

Für ca. 30 Stück:
160 g Butter
60 g Puderzucker
1 Ei
Mark von 1 Vanilleschote
abgeriebene Schale von
1/2 unbehandelten Zitrone
160 g Mehl
120 g gemahlene Haselnüsse
Erdbeerkonfitüre zum Bestreichen
Puderzucker zum Bestäuben

Den Backofen auf 160° C vorheizen. Die Butter mit dem gesiebten Puderzucker schaumig schlagen. Das Ei, das ausgekratzte Mark der Vanilleschote und die Zitronenschale unterrühren. Zuletzt Mehl und Nüsse unterheben. Den Teig in einen Spritzbeutel mit Sternentülle füllen und Ringe auf ein mit Backpapier ausgelegtes Backblech spritzen. Die Kringel im vorgeheizten Ofen in 12–15 Minuten hell backen. Herausnehmen und auf einem Kuchengitter abkühlen lassen. Je 2 Ringe mit leicht erwärmter Erdbeermarmelade bestreichen, zusammensetzen und mit Puderzucker bestäuben.

Christbaumschmuck: Spritzgebäck

Für ca. 40 Stück:
100 g weiche Butter
80 g Zucker
1 Prise Salz
2 TL gemahlener Zimt
1 Ei
2 Eigelb
200 g Mehl
1 TL Backpulver
Fett für das Blech
75 g Puderzucker
silberne Zuckerperlen

Den Backofen auf 180 °C vorheizen. Butter mit Zucker, Salz, Zimt, Ei und Eigelb schaumig rühren. Mehl mit Backpulver mischen und unterrühren. Teig portionsweise in einen Spritzbeutel mit großer Sterntülle geben und mit etwas Abstand z. B. S-Formen, Kringel oder Streifen auf ein gefettetes Backblech spritzen. Im vorgeheizten Ofen in 12–15 Minuten hell backen. Herausnehmen und auf einem Kuchengitter abkühlen lassen.
Den Puderzucker sieben und mit wenig Wasser zu einem dicken Guss verrühren. Die Plätzchen nach Belieben damit bepinseln und mit silbernen Zuckerperlen verzieren. Trocknen lassen.

Für Weihnachtswichtel: Friesenkekse

Für ca. 35 Stück:
250 g Butter
250 g feiner Zucker
1 Päckchen Vanillezucker
375 g Mehl
1 EL Backpulver
1 Prise Salz
1 EL Milch
1 Eigelb zum Bestreichen
Hagelzucker zum Bestreuen

Am Vortag die Butter zerlassen und dabei leicht bräunen. Abgekühlt mit Zucker und Vanillezucker schaumig schlagen. Dann das Mehl mit dem Backpulver, Salz und Milch unterkneten. Aus dem Teig Rollen von etwa 4 Zentimeter Durchmesser formen. Diese rundum mit Eigelb bepinseln und in Hagelzucker wälzen. In Klarsichtfolie wickeln und über Nacht kühl stellen. Am nächsten Tag den Ofen auf 175 °C vorheizen. Die Teigrollen in knapp 1/2 Zentimeter dicke Scheiben schneiden, auf ein mit Backpapier ausgelegtes Backblech setzen und im vorgeheizten Ofen 10–12 Minuten backen. Herausnehmen und abkühlen lassen.

Rentier-Knabberei: Haferflockenkekse

Für 20–25 Stück:
500 g Haferflocken
250 g Zucker
250 g Butter
1 Prise Salz
2 Prisen gemahlener Zimt
Mark von 1 Vanilleschote
3 Eier
3 EL Mehl
1 TL Backpulver

Haferflocken und Zucker in einer Schüssel vermengen. Die Butter schmelzen und noch heiß über die Haferflockenmischung geben. Etwas quellen lassen. Salz, Zimt, das ausgekratzte Vanillemark und die verquirlten Eier zufügen. Mehl und Backpulver mischen und unterrühren. Den Teig abgedeckt etwas ruhen lassen. Den Backofen auf 180 °C vorheizen. Mithilfe von zwei Teelöffeln kleine Häufchen von dem Teig auf ein mit Backpapier ausgelegtes Backblech setzen. Im vorgeheizten Ofen in etwa 15 Minuten goldgelb backen. Herausnehmen und auf einem Kuchengitter abkühlen lassen.

Engelsglück: Vanilleherzchen

Für ca. 30 Stück:

Für die Füllung:
50 ml Sahne
Mark von 1 Vanilleschote
100 g weiße Kuvertüre
50 g Himbeergelee

Für den Teig:
125 g kalte Butter
1 Prise Salz
80 g Puderzucker
1 Päckchen Bourbon-Vanillezucker
200 g Mehl
1 Ei
1 Eigelb

Für die Dekoration:
125 g Puderzucker
rote Lebensmittelfarbe
silberne Zuckerperlen
roter und rosa Zuckerdekor

Außerdem:
Mehl zum Bearbeiten

Für die Füllung die Sahne mit dem ausgekratzten Vanillemark aufkochen. Die Kuvertüre hacken und in der heißen Sahne auflösen. Abkühlen lassen, dann mindestens 4 Stunden kühl stellen.
Für den Teig die kalte Butter würfeln. Mit Salz, Puderzucker, Vanillezucker und Mehl verkneten, bis eine bröselige Masse entstanden ist. Ei und Eigelb nach und nach unterkneten. Den Teig in Klarsichtfolie wickeln und 2 Stunden kühl stellen.
Den Backofen auf 180 °C vorheizen. Den Teig auf bemehlter Fläche etwa 3 Millimeter dick ausrollen und Herzen ausstechen. Auf ein mit Backpapier ausgelegtes Blech legen und im vorgeheizten Ofen in 10–12 Minuten hell backen. Herausnehmen und auf einem Kuchengitter abkühlen lassen.
Für die Dekoration den Puderzucker mit wenig Wasser zu einer dicken Glasur verrühren. Etwas von dem Guss mit Lebensmittelfarbe rot, den Rest rosa einfärben. Die Hälfte der Herzen mit rosa Glasur überziehen. Den roten Guss in einen Gefrierbeutel füllen, eine kleine Ecke abschneiden und Konturen oder Tupfen auf die rosa Herzen malen. Mit Silberperlen und Zuckerdekor verzieren und trocknen lassen.
Die Füllung dickcremig aufschlagen, in einen Spritzbeutel mit kleiner Lochtülle füllen und Kringel auf die verbliebenen Herzen spritzen. Das Himbeergelee leicht erwärmen und jeweils etwas davon in die Mitte der Creme geben. Die mit Guss überzogenen Herzen vorsichtig daraufdrücken und fest werden lassen. Die Vanilleherzchen kühl und trocken aufbewahren.

Aus dem Paradies: Blüten und Blätter

Für ca. 25 Stück:
75 g Mehl
1 Msp. Backpulver
60 g kalte Butter
60 g Puderzucker
1 Prise Salz
75 g gemahlene Haselnüsse
1 Eigelb
Mehl zum Ausrollen
50 g Zartbitterkuvertüre
weiße Schokoladenblätter

Das Mehl mit dem Backpulver mischen. Die kalte Butter in Würfeln, Puderzucker, Salz, gemahlene Haselnüsse und Eigelb dazugeben und alles zu einem glatten Teig verkneten. In Klarsichtfolie wickeln und für etwa 1 Stunde kalt stellen.
Den Backofen auf 175 °C vorheizen. Den Teig auf wenig Mehl portionsweise etwa 1/2 Zentimeter dick ausrollen, Blumen und Blätter ausstechen und auf ein mit Backpapier ausgelegtes Blech setzen. Im vorgeheizten Backofen in 15–20 Minuten goldbraun backen. Herausnehmen und auf einem Kuchengitter abkühlen lassen.
Die Kuvertüre hacken und über einem Wasserbad schmelzen. Die Plätzchen damit dünn überziehen und mit weißen Schokoblättern verzieren.

Tipp: Sie können die Plätzchen auch mit weißem Zuckerguss und ganzen Haselnüssen verzieren. Mit Kuvertüre lassen sich allerdings die schönsten Schokoladendekorationen zaubern. Es ist wichtig, die Kuvertüre unbedingt über einem Wasserbad zu schmelzen, das nicht

wärmer als wohltemperiertes Badewasser ist. Dabei müssen Sie darauf achten, dass kein Wasser hineinkommt. Kuvertüre kann man übrgens beliebig oft schmelzen und wieder fest werden lassen.

Nikolaus-Verführung: Vanillehäufchen

Für ca. 50 Stück:
4 Eier
250 g Zucker
Mark von 1 Vanilleschote
200 g Mehl
175 g Speisestärke
kleine runde Backoblaten
150 g Zartbitter-Kuvertüre
Puderzucker zum Bestäuben

Den Backofen auf 180 °C vorheizen. Eier mit Zucker und ausgekratztem Mark der Vanilleschote dick-cremig rühren. Mehl und Stärke mischen und löffelweise in die Eiercreme rühren. Ein Backblech mit kleinen Backoblaten auslegen. Mithilfe von zwei Teelöffeln kleine Teighäufchen auf die Oblaten setzen. Im vorgeheizten Ofen etwa 15 Minuten backen. Herausnehmen und auf einem Kuchengitter abkühlen lassen.
Die Kuvertüre hacken und über einem heißen Wasserbad schmelzen. Etwas abkühlen lassen. Alufolie auf ein glattes Brett legen. Die Kuvertüre dünn darauf verteilen, fest werden lassen und Sternchen ausstechen. Die restliche Kuvertüre wiederum schmelzen. In einen kleinen Gefrierbeutel geben, ein Eckchen abschneiden und die Vanillehäufchen mit beliebigen Mustern dekorieren. In die Mitte jeweils 1 Schokosternchen setzen. Mit etwas Puderzucker bestäuben.

Himmlische Bengelchen: Spitzbuben

Für ca. 30 Stück:
300 g Mehl
80 g kaltes Butterschmalz
100 g kalte Butter
100 g Zucker
etwas abgeriebene
unbehandelte Zitronenschale
Mehl zum Ausrollen
Johannisbeergelee zum Bestreichen
Puderzucker zum Bestäuben

Das Mehl auf die Arbeitsfläche häufen. Butterschmalz- und Butterstückchen, Zucker und Zitronenschale darauf verteilen. Alles mit einem Messer kurz durchhacken, dann rasch zu einem glatten Teig verkneten. In Klarsichtfolie wickeln und etwa 1 Stunde kalt stellen.
Den Backofen auf 180 °C vorheizen. Den Teig auf etwas Mehl ausrollen und mit Spitzbuben-Formen ausstechen. Auf ein mit Backpapier ausgelegtes Backblech legen und im vorgeheizten Ofen 10–15 Minuten backen. Herausnehmen und auf einem Kuchengitter abkühlen lassen. Die Plätzchen ohne Loch mit Gelee bestreichen, die Plätzchen mit Loch mit Puderzucker bestäuben und daraufsetzen.

Festtäglich: Gefüllte Mandelplätzchen

Für ca. 20–25 Stück:
200 g weiche Butter
150 g Puderzucker
3 Eier
1 Prise Salz
abgeriebene Schale von
1 unbehandelten Zitrone
Mark von 1 Vanilleschote
1/4 l Sahne
300 g Mehl
50 g gemahlene Mandeln
50 g gehackte Mandeln
50 g Mandelnougat

Den Backofen auf 200 °C vorheizen. Die Butter mit Puderzucker und Eiern schaumig schlagen. Salz, Zitronenschale und das ausgekratzte Mark der Vanilleschote zufügen. Die Sahne nach und nach einarbeiten. Das Mehl mit den gemahlenen Mandeln mischen und zügig unter die Masse heben.
Den Teig in einen Spritzbeutel mit Lochtülle füllen und runde Plätzchen auf ein mit Backpapier ausgelegtes Backblech spritzen. Mit gehackten Mandeln bestreuen und im vorgeheizten Ofen in etwa 10 Minuten hellbraun backen. Herausnehmen, abkühlen lassen und jeweils 2 Plätzchen mit dem über einem heißen Wasserbad geschmolzenen Mandelnougat zusammensetzen.

Himmelssterne: Zimtgebäck

für ca. 30 Stück:
2 Eiweiß
150 g Puderzucker
2 TL gemahlener Zimt
175 g ungeschälte gemahlene Mandeln
120 g gemahlene Walnüsse
Puderzucker zum Ausrollen
1 Tütchen Zitronenglasur
100 g gehackte Pistazienkerne
oder Haselnuss-Krokant nach Belieben

Die Eiweiße zu steifem Schnee schlagen und den gesiebten Puderzucker nach und nach unterrühren. Zimt, Mandeln und Walnüsse vorsichtig unterrühren. Die Masse abgedeckt für 30 Minuten kalt stellen. Den Backofen auf 160 °C vorheizen.

Die Eiweißmasse auf einer mit Puderzucker bestäubten Arbeitsfläche etwa 1/2 Zentimeter dick ausrollen und Sterne ausstechen. Diese auf ein mit Backpapier ausgelegtes Blech legen und im vorgeheizten Ofen (keine Umluft) etwa 20 Minuten backen. Herausnehmen, auf einem Kuchengitter abkühlen lassen und mit der nach Packungsangabe im Wasserbad erwärmten Zitronenglasur bestreichen. Nach Belieben mit gehackten Pistazien oder Haselnusskrokant bestreuen.

Tipp: Abgekühlt lassen sich die Zimtsterne am besten zwischen Lagen von Pergamentpapier aufheben. Füllt man ein paar Apfelstückchen mit in die Dose, bleiben sie schön weich.

Weihnachtstraum: Pflaumenschnecken

Für ca. 25 Stück:

Für den Teig:
125 g weiche Butter
125 g Zucker
1 Prise Salz
2 Eier
300 g Mehl
1 Msp. Backpulver
1 TL gemahlener Zimt

Für die Füllung:
200 g getrocknete Pflaumen
75 ml Pflaumensaft
2 EL Pflaumenwasser
100 g gemahlene Haselnüsse
1 Eiweiß

Für den Teig Butter mit Zucker und Salz schaumig rühren. Eier nach und nach zugeben. Mehl, Backpulver und Zimt mischen und unterkneten. Den Teig in Klarsichtfolie wickeln und etwa 2 Stunden kühl stellen. Inzwischen für die Füllung Pflaumen in Saft und Pflaumenwasser 30–60 Minuten einweichen. Dann mit der Flüssigkeit pürieren und mit gemahlenen Haselnüssen und Eiweiß vermischen. Den Backofen auf 180 °C vorheizen. Den Teig zwischen zwei Lagen Klarsichtfolie auf etwa 25 x 40 Zentimeter Größe ausrollen. Dann mit der Füllung

bestreichen. Dabei an einer Längskante etwa 2 Zentimeter Teig frei lassen. Von der anderen Seite her mithilfe der Klarsichtfolie fest aufrollen und gut andrücken. In Folie gewickelt für 15 Minuten ins Gefrierfach legen. Dann die Rolle in fingerdicke Scheiben schneiden. Auf ein mit Backpapier ausgelegtes Blech setzen und im vorgeheizten Ofen etwa 20 Minuten backen. Herausnehmen und auf einem Kuchengitter abkühlen lassen.

Weihnachtsmanns Freude: Mohntupfen

Für ca. 60 Stück:
125 g weiche Butter
60 g Puderzucker
1 Ei
1 EL Mandellikör (z. B. Amaretto)
50 g Mohnsaat
150 g Mehl
1/2 TL Backpulver

Den Backofen auf 180 °C vorheizen. Butter und Puderzucker schaumig rühren. Ei und Likör zufügen. Mohn grob mahlen, mit Mehl und Backpulver mischen und unterrühren. Den Teig in einen Spritzbeutel mit großer Sterntülle füllen. Etwa 60 kleine Kekse auf ein mit Backpapier ausgelegtes Blech spritzen und im vorgeheizten Ofen etwa 12 Minuten backen. Herausnehmen und auf einem Kuchengitter abkühlen lassen.

Engelsglück: Schnecken mit Zimtcreme

Für 25–30 Stück:
225 g TK-Blätterteig
100 g Doppelrahm-Frischkäse
1 TL gemahlener Zimt
2 EL Puderzucker
Mehl zum Ausrollen
65 g Hagelzucker zum Bestreuen

Die Blätterteigplatten antauen lassen. Frischkäse mit Zimt und Puderzucker glatt rühren. Die Teigplatten auf wenig Mehl leicht überlappend hinlegen und zu einem Rechteck ausrollen. Mit der Zimtcreme bestreichen, mit 50 Gramm Hagelzucker bestreuen und von der Längsseite her fest aufrollen, so dass im Querschnitt Schnecken entstehen. Die Rolle in Klarsichtfolie wickeln und etwa 30 Minuten kalt stellen.
Den Backofen auf 220 °C vorheizen. Die gekühlte Teigrolle in knapp 1 Zentimeter dicke Scheiben schneiden. Die Schnecken auf ein mit Backpapier ausgelegtes Blech setzen. Mit dem verbliebenen Hagelzucker bestreuen und im vorgeheizten Ofen 12 Minuten backen. Die Schnecken wenden und weitere 6 Minuten backen. Herausnehmen und auf einem Kuchengitter abkühlen lassen.

Tipp: Die Schnecken schmecken am besten frisch.

Engelspiel: Wiener Würfel

Für den Teig:
400 g Mehl
1 gestr. TL Backpulver
200 g Puderzucker
1 TL Vanillezucker
320 g kalte Butter
240 g gemahlene Walnüsse
4 Eigelb
1 geh. TL gemahlener Zimt
etwas abgeriebene unbehandelte Zitronenschale
1 Prise Salz

Für Füllung und Glasur:
700 g rotes Johannisbeergelee
150 g Zuckerguss (Fertigprodukt)
30 g fein gehackte Pistazien

Am Vortag für den Teig Mehl mit Backpulver mischen und mit den übrigen Zutaten verkneten. Teig dritteln und in Klarsichtfolie gewickelt für 30 Minuten kalt stellen. Backofen auf 180 °C vorheizen. Die Teigdrittel nacheinander zu Rechtecken von etwa 4–5 Millimeter Dicke ausrollen, auf ein mit Backpapier ausgelegtes Blech legen und mit einer Gabel mehrfach einstechen. Auf mittlerer Schiene im vorgeheizten Ofen etwa 10 Minuten backen. Für Füllung und Glasur das Johannisbeergelee leicht erhitzen. Die erste Teigplatte mit 1/3 Gelee bestreichen, die zweite Platte auflegen. Wieder mit 1/3 Gelee bestreichen und die letzte Teigplatte auflegen. Mit dem Rest Gelee bestreichen und abkühlen lassen. Zum Schluss mit Zuckerguss überziehen und mit Pistazien bestreuen. Über Nacht durchziehen lassen. Am nächsten Tag mit einem scharfen Messer in 2,5 Zentimeter große Würfel schneiden.

Nikolausglück: Rübchenwürfel

Für ca. 25 Stück:

Für den Teig:
3 EL Semmelbrösel
3 EL Speisestärke
1/2 TL Backpulver
150 g fein geraspelte Möhren
100 g gemahlene Haselnüsse
100 g gemahlene Mandeln
4 Eier
1 Prise Salz
1 TL gemahlener Zimt
60 g Puderzucker

Für die Dekoration:
100 g Marzipanrohmasse
125 g Puderzucker
1 EL Kirschwasser
grüne Lebensmittelfarbe
Puderzucker zum Ausrollen
1 Eiweiß
rote Zuckerperlchen

Für den Teig am Vortag Semmelbrösel mit Stärke und Backpulver mischen. Möhren, Haselnüsse und Mandeln unterrühren. Die Eier trennen. Die Eigelbe cremig rühren. Die Eiweiße mit Salz, Zimt und gesiebtem Puderzucker steif schlagen. Den Eischnee auf die Eigelbcreme geben, darauf die Karotten-Nuss-Mischung. Alles vorsichtig mischen.
Den Backofen auf 180 °C vorheizen. Ein Backblech mit Backpapier auslegen. Einen Backrahmen von etwa 30 x 22 Zentimeter oder ein aus Alufolie gefaltetes Rechteck daraufstellen. Den Teig etwa 2 Zentimeter hoch einfüllen und glatt streichen. Im vorgeheizten Ofen etwa 35 Minuten backen. Die fertige Teigplatte auf ein Tuch stürzen, das Backpapier abziehen und die Platte über Nacht ruhen lassen. Am nächsten Tag in Würfel schneiden.
Für die Dekoration Marzipan mit 60 Gramm Puderzucker und Kirschwasser verkneten, mit Lebensmittelfarbe grün einfärben und auf Puderzucker dünn ausrollen. Kleine Weihnachtsmotive ausstechen. Das Eiweiß steif schlagen, mit dem restlichen Puderzucker zu einer glatten Glasur verrühren. Die Teigwürfel damit bepinseln. Die restliche Glasur in einen kleinen Gefrierbeutel füllen, ein winziges Eckchen abschneiden und die Marzipanmotive mit Guss dekorieren. Auf die Eiweißglasur legen und mit Zuckerperlchen bestreuen.

Tipp: Die schneeweiße Eiweiß-Zucker-Glasur ist für die Weihnachtsbäckerei ideal. Sie lässt sich leicht einfärben und verarbeiten und bleibt im Gefrierbeutel lange dickflüssig. Zum schnelleren Trocknen kann man die Gebäckstücke rasch noch mal in den heißen Ofen schieben – die Glasur verträgt das, ohne zu zerfließen oder zu bröckeln.

Weihnachtswürzig: Ingwerplätzchen

Für ca. 20–25 Stück:
200 g Honig
100 g Roh-Rohrzucker
60 g gemahlene Mandeln
1 TL Kakao
2 TL gemahlener Ingwer
1 Msp. gemahlene Nelken
3 Eier
1 TL Backpulver
450 g Mehl
Mehl zum Ausrollen
1 Eiweiß
125 g Puderzucker
rote Lebensmittelfarbe
bunte Zuckerperlen

Den Honig unter Rühren erwärmen und etwas abkühlen lassen. Zucker, Mandeln, Kakao, Gewürze und die Eier zugeben und unterrühren. Mehl und Backpulver mischen, auf die Masse sieben und gründlich einarbeiten. Den Teig abgedeckt etwa 2 Stunden kalt stellen.

Den Backofen auf 180 °C vorheizen. Den Teig auf bemehlter Arbeitsfläche etwa 4 Millimeter dick ausrollen. Beliebige Figuren ausstechen und auf ein mit Backpapier ausgelegtes Backblech legen. Im vorgeheizten Ofen etwa 15 Minuten backen. Herausnehmen und zum Abkühlen auf ein Kuchengitter legen.

Das Eiweiß mit einer Gabel leicht schaumig aufschlagen und mit dem Puderzucker zu einer dicklichen Masse verrühren. Die Masse teilen und eine Hälfte davon mit Lebensmittelfarbe rosa einfärben. Beide Eiweißmassen jeweils in einen kleinen Gefrierbeutel füllen. Davon eine kleine

Ecke abschneiden. Die Plätzchen mit weißem und rosa Guss hübsch verzieren. Zuckerperlen in den noch feuchten Guss drücken.

Tipp: Da sich dieser Teig leicht verarbeiten und ausrollen lässt, ist er ideal für die Weihnachtsbäckerei mit Kindern, die ihn mit viel Eifer formen und ausstechen können. Und auch Kindern gelingen einfache Verzierungen mit Zuckerglasur. Hauptsache schön süß und viele bunte Zuckerperlen!

Engels Geheimnis: Schoko-Nuss-Kugeln

Für 30 Stück:
3 Eier
200 g Zucker
2 Päckchen Vanillezucker
200 g Zartbitterschokolade
300 g gemahlene Haselnüsse
3 EL Speisestärke
1–2 EL Rum
Puderzucker zum Bestäuben nach Belieben

Eier mit Zucker und Vanillezucker schaumig rühren. Die Schokolade fein reiben, mit gemahlenen Nüssen, Stärke, Rum und Eicreme verkneten. Den Teig 1–2 Stunden abgedeckt ruhen lassen.
Den Backofen auf 210 °C vorheizen. Aus dem Teig mit kühlen Händen walnussgroße Kugeln formen und mit etwas Abstand auf ein mit Backpapier ausgelegtes Blech setzen. Im vorgeheizten Ofen etwa 10 Minuten backen. Die Plätzchen herausnehmen, abkühlen lassen und nach Belieben mit Puderzucker bestäuben.

Nikolaus-Küsschen: Mini-Apfel-Muffins

Für 12 Stück:
Papier-Muffinförmchen
130 g weiche Butter
abgeriebene Schale von 1 unbehandelten Zitrone
250 g Mehl
1 TL Backpulver
165 g Puderzucker
1 Prise Salz
je 1 Msp. gemahlener Zimt, Koriander, Nelken und Piment
2 säuerliche Äpfel (z. B. Boskop)
150 ml Buttermilch
1 Ei
175 g Frischkäse
4 TL Zitronensaft
rote Lebensmittelfarbe
Zuckersternchen und -perlen

Backofen auf 200 °C vorheizen. Papier-Muffinförmchen in die Vertiefungen eines Mini-Muffin-Blechs setzen. 80 Gramm Butter schmelzen und wieder abkühlen lassen. Zitronenschale mit Mehl, Backpulver, 75 Gramm Puderzucker, Salz und Gewürzen mischen. Äpfel schälen, vom Kerngehäuse

befreien, grob raspeln und unterheben. Flüssige Butter, Buttermilch und Ei verquirlen und mit einem Löffel schnell unter die Mehlmischung rühren, so dass diese gerade gebunden ist. Den Teig in die Muffinförmchen verteilen und im vorgeheizten Ofen 25 Minuten backen. Herausnehmen und abkühlen lassen.
Die verbliebene weiche Butter mit Frischkäse, restlichem Puderzucker und Zitronensaft cremig rühren. Die Hälfte der Masse mit Lebensmittelfarbe zartrosa einfärben. Beide Farben getrennt in Spritzbeutel mit Sterntülle füllen, die Apfelmuffins damit verzieren und mit Zuckersternchen und -perlen dekorieren.

Tipp: Wer kein Muffin-Blech hat, kann die Muffins auch nur in Papiermanschetten backen. Dafür jeweils 2 Manschetten ineinandersetzen und auf ein Blech stellen.

Variante: Für Mini-Aprikosen-Muffins die Gewürze, die Äpfel und die Buttermilch weglassen. Stattdessen 200 Gramm getrocknete Aprikosen und 80 Gramm eingelegten kandierten Ingwer fein hacken und zusammen mit 200 Gramm Schmand in den Teig einarbeiten.

Christkinds Freude: Marzipanmuffins

Für 12 Stück:

Für den Teig:
375 g Mehl
30 g Hefe
50 g Zucker
130 ml Milch
175 g gemischte Trockenfrüchte
180 g Butter
1 Päckchen Vanillezucker
1 Ei
1 Prise Salz

Für die Füllung:
250 g Marzipanrohmasse

Außerdem:
Mehl zum Ausrollen
Fett für die Form
Puderzucker zum Bestäuben und Ausrollen
rote und gelbe Lebensmittelfarbe

Für den Teig Mehl in eine Schüssel geben, eine Mulde hineindrücken. Hefe hineinbröckeln, mit 1 Esslöffel Zucker und 75 Milliliter lauwarmer Milch leicht verrühren und mit etwas Mehl bestäuben. Den Vorteig zugedeckt an einem warmen, zugfreien Ort 20 Minuten gehen lassen.
Die Trockenfrüchte fein würfeln. Die übrige Milch leicht erwärmen und 150 Gramm Butter darin schmelzen. Mit verbliebenem Zucker, Vanillezucker, Ei, Salz und Trockenfrüchten zum Vorteig geben. Alles gründlich verkneten und zugedeckt 1 Stunde gehen lassen.
Für die Füllung 200 Gramm Marzipan in 12 Portionen teilen und zu Kugeln formen. Den Backofen auf 200 °C vorheizen.
Den Teig nochmals gut durchkneten und in 12 gleichgroße Portionen teilen. Jedes Teigstück um ein Stück Marzipan zur Kugel formen und in die gefetteten Vertiefungen eines Muffinblechs setzen. Weitere 30 Minuten zugedeckt gehen lassen.
Die Muffins im vorgeheizten Ofen etwa 20 Minuten backen. Noch heiß mit der verbliebenen geschmolzenen Butter bepinseln und mehrmals dick mit Puderzucker bestäuben. Das übrige Marzipan mit Lebensmittelfarbe rosa und zartgelb einfärben, auf wenig Puderzucker dünn ausrollen und Sterne ausstechen. Die Muffins damit verzieren.

Engelkugeln: Bethmännchen

Für 25–30 Stück:
50 g Puderzucker
150 g Marzipanrohmasse
2 TL Mehl
1 Ei
50 g gemahlene Mandeln
100 g abgezogene ganze Mandeln
1 Eigelb

Den gesiebten Puderzucker mit Marzipanrohmasse, Mehl, Ei und den gemahlenen Mandeln verkneten und aus der Masse haselnussgroße Kugeln formen. Den Backofen auf 150 °C vorheizen. Die Mandeln halbieren und je 3 Mandelhälften aufrecht rundum an die Kugeln drücken. Die so verzierten Kugeln mit verquirltem Eigelb bestreichen und auf ein mit Backpapier ausgelegtes Backblech setzen. Im vorgeheizten Ofen etwa 15 Minuten backen und auf einem Kuchengitter abkühlen lassen.

Himmlisch: Mandelbrot

Für ca. 20 Stück:
100 g Mehl
50 g Butterschmalz
80 g Zucker
50 g gemahlene Mandeln
1 Ei
1 Msp. gemahlener Zimt
Hagelzucker und gehobelte Mandeln zum Bestreuen
Kuvertüre nach Belieben

Mehl mit Butterschmalz, Zucker, Mandeln, Ei und Zimt zu einem glatten Mürbeteig verkneten. Aus dem Teig eine Rolle von 3 Zentimetern Durchmesser formen. Die Teigstange in Klarsichtfolie gewickelt 1 Stunde kalt stellen.
Den Backofen auf 200 °C vorheizen. Die Teigrolle in etwa 3 Millimeter dicke Scheiben schneiden, auf ein mit Backpapier ausgelegtes Backblech legen und mit Hagelzucker und gehobelten Mandeln bestreuen. Im vorgeheizten Backofen 10–15 Minuten backen. Herausnehmen, abkühlen lassen und nach Belieben mit geschmolzener Kuvertüre verzieren.

Paradiesisch: Lebkuchen

Für ca. 30 Stück:
90 g Mandeln
90 g Haselnüsse
4 Eier
250 g feiner Zucker
je 25 g fein gehacktes
Zitronat und Orangeat
1 Prise Salz
2 TL gemahlener Zimt
1 TL Nelken und Kardamom, gemahlen
1 Msp. Muskatblüte (Macis)
250 g Mehl
rechteckige Backoblaten
150 g Zartbitterkuvertüre
50 g Puderzucker und abgezogene Mandeln zum Verzieren

Am Vortag Mandeln und Nüsse nicht zu fein hacken, in einer Pfanne ohne Fett hellbraun rösten und abkühlen lassen. Eier und Zucker zu einer weißlichen Creme aufschlagen. Zitronat, Orangeat und Gewürze zufügen. Mandeln und Nüsse zusammen mit dem Mehl unterrühren und so lange rühren, bis ein Löffel im Teig stecken bleibt. Abgedeckt über Nacht im Kühlschrank ruhen lassen.
Am nächsten Tag den Backofen auf 175 °C vorheizen. Den Teig etwa 1 Zentimeter dick auf Oblaten streichen, auf Backbleche setzen und im vorgeheizten Ofen etwa 12 Minuten backen. Herausnehmen und abkühlen lassen. Die Kuvertüre hacken, über einem heißen Wasserbad schmelzen und die Lebkuchen damit überziehen. Puderzucker durchsieben und mit wenig Wasser zu einem dickflüssigen Guss verrühren. Die Lebkuchen damit und mit den Mandeln verzieren und trocknen lassen.

Ruprechts Geheimnis: Walnussschnitten

Für ca. 48 Stück:
200 g Zartbitterschokolade
6 Eier
200 g Butter
200 g Zucker
100 g Mehl
200 g gehackte Walnüsse
1 TL gemahlene Nelken
1 TL gemahlener Zimt
1/2 TL gemahlener Kardamom
Fett für das Blech
200 g Aprikosenkonfitüre
200 g dunkle Kuvertüre
ca. 80 Walnusshälften

Den Backofen auf 175 °C vorheizen. Die Schokolade über einem heißen Wasserbad schmelzen und wieder etwas abkühlen lassen. Die Eier trennen. Die Butter schaumig schlagen. Die Eigelbe mit Zucker und Schokolade unter die Butter rühren. Die Eiweiße zu steifem Schnee schlagen und mit Mehl, gehackten Walnüssen und Gewürzen unter die Schokoladenmasse heben. Den Teig auf ein gefettetes Blech streichen und im vorgeheizten Ofen etwa 25 Minuten backen.
Die Aprikosenkonfitüre mit 2 Esslöffeln Wasser erhitzen und durch ein Sieb streichen. Den fertigen Kuchen noch heiß damit bepinseln. Die Kuvertüre hacken, über einem heißen Wasserbad schmelzen und auf die Aprikosenglasur streichen. Mit Walnusshälften dekorieren und den Kuchen in kleine Quadrate schneiden.

Engelswonne: Sternbrote

Für 2 Sternbrote :

Für die Füllung:
120 g Rosinen
100 g gehackte Mandeln
100 g fein gehacktes Zitronat
50 g fein gehacktes Orangeat
40 ml brauner Rum

Für den Teig:
500 g Mehl
1 Würfel Hefe (42 g)
80 g Zucker
1/8 l Milch
120 g Butter
2 Eier
1/2 Prise Salz
abgeriebene Schale von 1 unbehandelten Zitrone

Außerdem:
Mehl zum Ausrollen
Fett für die Sternformen

Für die Füllung Rosinen, Mandeln, Zitronat und Orangeat mit braunem Rum mischen und durchziehen lassen.
Für den Teig die Hälfte des Mehls in eine Schüssel sieben und eine Mulde hineindrücken. Die Hefe hineinbröckeln, mit 1 Teelöffel Zucker bestreuen. 5 Esslöffel lauwarme Milch hinzufügen, mit der Hefe verrühren und mit etwas Mehl bestäuben. Den Vorteig zugedeckt an einem warmen, zugfreien Ort etwa 30 Minuten gehen lassen. Den Vorteig mit der gesamten Mehlmenge verkneten und nochmals zugedeckt 20 Minuten gehen lassen. Dann die Butter schmelzen, mit Eiern, übrigem Zucker, restlicher Milch, Salz und Zitronenschale verrühren und unterkneten. Zugedeckt weitere 20–25 Minuten gehen lassen, bis sich das Teigvolumen verdoppelt hat. Den Backofen auf 180 °C vorheizen. Die eingeweichte Rosinenmischung unter den Teig kneten und ihn weitere 20 Minuten gehen lassen. Den Teig halbieren, auf wenig Mehl rund formen. Zwei große Sternausstechformen von etwa 20 Zentimetern Durchmesser einfetten, auf ein mit Backpapier ausgelegtes Blech setzen und den Teig gleichmäßig hoch hineindrücken. Zugedeckt noch einmal etwa 30 Minuten gehen lassen.
Die Sternbrote im vorgeheizten Ofen auf der untersten Schiene 40–50 Minuten backen.

Tipp: Nach Belieben die Sternbrote noch heiß mit zerlassener Butter bepinseln und mit Puderzucker bestäuben.

Engelsleckerei: Honigkuchensterne

Für ca. 40 Stück:
225 g Honig
100 g Zucker
50 g Butter
1 Ei
1 Prise Salz
2 TL Lebkuchengewürz
500 g Mehl
Mehl zum Ausrollen
150 g Puderzucker
2 EL Zitronensaft
Lebensmittelfarbe nach Wahl

Honig, Zucker und Butter in einem Topf unter Rühren erwärmen, bis sich der Zucker aufgelöst hat. Abkühlen lassen. Das Ei mit Salz und Lebkuchengewürz verquirlen und zur Honigmasse geben. Mehl zufügen und alles gut durchkneten. Den Backofen auf 220 °C vorheizen. Den Teig auf einer bemehlten Arbeitsfläche etwa 1 Zentimeter dick ausrollen. Kleine und große Sterne ausstechen und auf ein mit Backpapier ausgelegtes Blech legen. Die Honigkuchen im vorgeheizten Ofen etwa 15 Minuten backen.

Puderzucker mit Zitronensaft und Lebensmittelfarbe verrühren und die abgekühlten Sterne damit bestreichen.

Winterwald: Honigkuchen-Bäumchen

Für 15–20 Stück:
200 g Honig
50 g brauner Zucker
75 g Butter
400 g Mehl
1 TL Backpulver
1 Ei
1 TL gemahlener Zimt
je 1/2 TL Lebkuchengewürz und gemahlener Kardamom
abgeriebene Schale von je
1/2 unbehandelten Zitrone und Orange
2 EL Milch
2 EL Honig zum Bestreichen
200 g Puderzucker
4–5 EL Zitronensaft
rote Zuckerschrift

Honig, Zucker und Butter zusammen erwärmen, bis die Butter geschmolzen ist, dann abkühlen lassen. Mehl, Backpulver, Ei, Gewürze, abgeriebene Zitrusschalen und Milch zufügen und unterkneten. Den Teig in Klarsichtfolie wickeln und 2 Stunden kühl stellen. Den Backofen auf 180 °C vorheizen. Den Teig 5–10 Millimeter dick ausrollen, mithilfe von Ausstechern oder vorbereiteten Schablonen von etwa 12 Zentimetern Größe Tannenbäume ausstechen oder ausschneiden und auf ein mit Backpapier ausgelegtes Blech legen. 2 Esslöffel Honig mit 5–6 Esslöffeln Wasser verrühren und die Honigkuchen damit bepinseln. Im vorgeheizten Ofen 15–18 Minuten backen. Herausnehmen und auf einem Kuchengitter abkühlen lassen. Puderzucker mit Zitronensaft zu einem dickflüssigen Guss verrühren und die Bäumchen damit bestreichen. Mit Zuckerschrift verzieren.

Weihnachtsduftend: Himmelsbrot

Für ca. 55 Stück:
200 g weiche Butter
250 g brauner Zucker
2 Eier
1 EL gemahlener Zimt
1 Msp. gemahlener Piment
100 g Vollmilchschokolade
60 g Grümmel-Kandis
60 g gemahlene Mandeln
240 g Mehl
1 TL Backpulver
15 g Kakao
Fett für das Blech
200 g Schokoladenglasur

Den Backofen auf 180 °C vorheizen. Die Butter cremig rühren, dabei nach und nach Zucker, Eier, Zimt und Piment zugeben. Die Schokolade fein reiben, mit Grümmel und Mandeln zum Teig geben. Mehl, Backpulver und Kakao mischen und unterkneten.

Den Teig etwa fingerdick auf ein gefettetes Backblech streichen und im vorgeheizten Ofen 15–20 Minuten backen. Herausnehmen, noch warm in Rauten von 7–8 Zentimeter Länge und 3 Zentimeter Breite schneiden und abkühlen lassen.

Die Schokoladenglasur nach Packungsanweisung schmelzen und das Himmelsbrot halb hineintauchen. Auf einem Kuchengitter trocknen lassen.

Himmlische Vorfreude: Pfeffernüsse

Für ca. 75 Stück:
2 Eier
250 g feiner Zucker
100 g gemahlene Mandeln
abgeriebene Schale von
1/2 unbehandelten Zitrone
je 1 Prise Salz, weißer Pfeffer, gem. Nelken und Piment
250 g Mehl
1 Msp. Hirschhornsalz
1 EL Milch
Mehl zum Bearbeiten
150 g Puderzucker
100 g Zartbitterkuvertüre

Evtl. schon am Vortag die Eier mit dem Zucker zu einer dicken Creme aufschlagen. Mandeln, Zitronenschale, Salz, Pfeffer, Nelken, Piment und das Mehl mischen und zufügen. Hirschhornsalz in Milch auflösen, ebenfalls zum Teig geben und alles glatt verkneten. Den Teig in Klarsichtfolie wickeln und 30–60 Minuten kühl stellen. Dann aus dem Teig mit bemehlten Händen walnussgroße Kugeln formen. Mit einem Tuch abdecken und für einige Stunden, besser über Nacht ruhen lassen.
Den Backofen auf 200 °C vorheizen. Die Pfeffernüsse auf ein mit Backpapier ausgelegtes Backblech legen und etwa 10 Minuten backen. Herausnehmen und abkühlen lassen.
Puderzucker sieben und mit wenig Wasser zu einem dickflüssigen Guss verrühren. Kuvertüre hacken und über einem heißen Wasserbad schmelzen lassen. Jeweils die Hälfte der Pfeffernüsse mit weißem und dunklem Guss überziehen und auf einem Kuchengitter trocknen lassen.

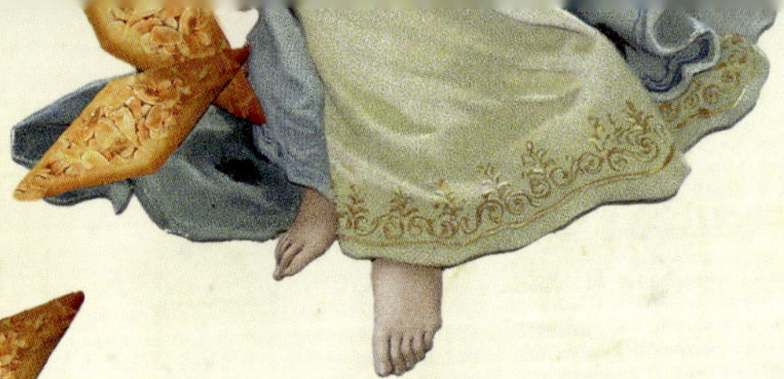

Engelskonfekt: Mandelrauten

Für ca. 35 Stück:

Für den Teig:
300 g Mehl
100 g Puderzucker
1 Päckchen Vanillezucker
200 g Butter
1 Ei
1 Prise Salz
abgeriebene Schale von
1 unbehandelten Zitrone

Für die Füllung:
50 ml Sahne
100 g Halbbitter-Kuvertüre
25 g weiche Butter

Außerdem:
Mehl zum Ausrollen
Kondensmilch zum Bestreichen
etwa 50 Gramm Mandelstifte zum Bestreuen

Für den Teig das Mehl und den Puderzucker in eine Rührschüssel sieben, die anderen angegebenen Zutaten nach und nach dazugeben und zu einem glatten Teig verkneten.

Den Backofen auf 180 °C vorheizen. Den Teig auf bemehlter Fläche etwa 3 Millimeter dick ausrollen und erst in 2–3 Zentimeter breite Streifen, anschließend in Rauten schneiden. Diese Rauten auf ein mit Backpapier ausgelegtes Backblech legen, mit Kondensmilch bestreichen und mit Mandelstiften bestreuen. Im vorgeheizten Backofen etwa 12 Minuten backen.

Für die Füllung die Sahne aufkochen, die geraspelte Halbbitter-Kuvertüre dazugeben und in der Sahne schmelzen lassen. Abkühlen lassen und dabei immer wieder durchrühren, so dass eine glatte Creme entsteht. Dann die Butter unterrühren.

Die fertigen Plätzchen aus dem Ofen nehmen, abkühlen lassen und jeweils zwei Plätzchen mit etwas Füllung zusammensetzen.

Himmlischer Mandel-Knusper: Cantuccini

Für ca. 30 Stück:
50 g Butter
50 g Zucker
1 Ei
einige Tropfen Bittermandelaroma
1 Prise Salz
50 g gehackte Mandeln
50 g ganze Mandeln
125 g Mehl
1–2 TL Backpulver

Die Butter mit Zucker, Ei, Bittermandelaroma und Salz schaumig rühren. Die gehackten mit den ganzen Mandeln mischen und mit Mehl und Backpulver unterkneten.
Den Backofen auf 180 °C vorheizen. Den Teig zu einer 2–3 Zentimeter dicken Rolle formen und auf ein mit Backpapier ausgelegtes Blech legen. Im vorgeheizten Ofen 20–22 Minuten backen.
Die Rolle herausnehmen, kurz abkühlen lassen und dann quer in etwa 1 Zentimeter dicke Scheiben schneiden (das geht mit einem elektrischen Messer besonders einfach). Die Scheiben mit einer Schnittkante nach unten auf das Backblech legen und weitere 12–15 Minuten bei unveränderter Temperatur backen.
Herausnehmen und auf einem Kuchengitter abkühlen lassen.

Knusper, knusper, Knäuschen: Butterkeks-Häuschen

Für ca. 10 Stück:
250 g Puderzucker
verschiedene Lebensmittelfarben
30 rechteckige braune Kekse
(z. B. Butterkekse)
Zuckerperlen, Gummibärchen,
Smarties, Schaumzuckermäuse
Marshmallows

Puderzucker sieben und mit wenig Wasser zu einem glatten, dickflüssigen Guss verrühren. In Portionen teilen und mit Lebensmittelfarben nach Belieben bunt einfärben. Getrennt in Gefrierbeutel füllen und jeweils eine kleine Ecke abschneiden. 20 Kekse paarweise mit Zuckerguss, Zuckerperlen, Gummibärchen und Schaummäusen verzieren. Trocknen lassen.
Jeweils 2 passend verzierte Kekse von hinten an den Schmalseiten mit Zuckerguss versehen, als Hausdach auf einen unverzierten, an den Schmalseiten ebenfalls mit Guss bestrichenen Keks setzen und vorsichtig festdrücken. Marshmallows mit Zuckerguss als Schornstein auf das Dach setzen und trocknen lassen. Dann nach Belieben den „Vorplatz" mit Zuckerguss und Süßigkeiten verzieren.

Tipp: Die Häuschen zum Verschenken auf einem Stück Pappe in Zellophantüten setzen oder sehr dekorativ mit selbst gebackenen Ausstechplätzchen in Tannenbaumform zu einer Winterlandschaft arrangieren.

Zauberwald: Zuckerbäumchen

Für ca. 30 Stück:
3 Eier
175 g Zucker
abgeriebene Schale und Saft von
1 unbehandelten Zitrone
100 g gemahlene Mandeln
150 g Mehl
125 g Speisestärke
1 Prise Salz
1 Eigelb
etwas Hagelzucker

Aus festem Papier eine Tannenbaum-Schablone von 10 Zentimeter Höhe anfertigen. Ein Backblech mit Backpapier auslegen und mithilfe der Schablone dünn mit Bleistift Tannenbäumchen aufzeichnen. Große Abstände lassen, da der Teig auseinanderläuft.
Den Backofen auf 180 °C vorheizen. Die Eier trennen. Die Eigelbe mit Zucker, abgeriebener Zitronenschale und Zitronensaft weiß-cremig rühren. Mandeln zufügen. Mehl und Speisestärke mischen und löffelweise unter die Eigelbmasse rühren. Die Eiweiße mit Salz zu steifem Schnee schlagen und mit einem Teigspatel unter den Teig heben. Die Masse in einen Spritzbeutel mit großer Lochtülle füllen. Die Konturen der Bäumchen schwungvoll in dicken Linien auf das Blech spritzen. Die Bäumchen im vorgeheizten Ofen etwa 10 Minuten backen. Das Blech aus dem Ofen nehmen, die Bäumchen mit verquirltem Eigelb bestreichen und mit Hagelzucker bestreuen. Weitere 5 Minuten backen. Herausnehmen und das Gebäck auf einem Kuchengitter abkühlen lassen.

Tipp: Geübte Bäckerinnen sparen sich das Vorzeichnen auf Backpapier und spritzen die Umrisse „frei Hand" auf. Kleine Unregelmäßigkeiten machen doch erst den Charme der verschneiten Bäumchen aus!

Adventsknusper: Frucht-Nuss-Krokant

Für ca. 25 Stück:
200 g Studentenfutter
1/2 TL gemahlener Zimt
125 g Zucker
Oblaten nach Belieben

Das Studentenfutter mit einem Wiegemesser klein hacken und mit dem Zimt mischen. Den Zucker mit 4 Esslöffeln Wasser in einer beschichteten Pfanne verrühren und erhitzen, bis er geschmolzen und hellbraun karamellisiert ist, dabei nicht rühren. Das Studentenfutter zufügen und unterrühren, bis es mit Karamell überzogen ist. Die Masse auf ein mit Backpapier ausgelegtes Backblech geben und etwas abkühlen lassen. Noch warm mit einem scharfen Messer in Stücke teilen, nach Belieben auf Oblaten setzen und vollständig abkühlen lassen.

Engelsglanz: Hefezopf

Für 1 Zopf:
50 g Rosinen
4 EL Kirschwasser
600 g Mehl
1 Würfel frische Hefe (42 g)
80 g brauner Zucker
125 g saure Sahne
1/8 l süße Sahne

100 g Butter
2 Eier
50 g gehackte Mandeln
50 g fein gehacktes Orangeat
3 EL Kokosraspel
1 Eigelb und 1 EL Milch zum Bestreichen
3 EL gehobelte Mandeln zum Bestreuen

Die Rosinen in Kirschwasser einweichen. Das Mehl in eine Schüssel sieben und eine Mulde hineindrücken. Die Hefe hineinbröckeln und mit 1 Teelöffel Zucker bestreuen. Etwas von der sauren Sahne und süßen Sahne mischen, leicht erwärmen und über die Hefe geben. Den Vorteig zugedeckt an einem warmen, zugfreien Ort mindestens 30 Minuten gehen lassen.
Dann restlichen Zucker, restliche saure und süße Sahne, Butter und Eier zugeben. Eingeweichte Rosinen, Mandeln, Orangeat und Kokosraspel unterkneten. Den Teig nochmals mindestens 1 Stunde zugedeckt gehen lassen. Dann den Teig gut durchkneten, dritteln, 3 Stränge formen und diese zu einem Zopf flechten. Auf ein mit Backpapier ausgelegtes Backblech legen und zugedeckt 1 weitere Stunde gehen lassen. Den Backofen auf 180 °C vorheizen. Das Eigelb und die Milch verquirlen, den Zopf damit bestreichen und mit gehobelten Mandeln verzieren. Im vorgeheizten Ofen auf mittlerer Schiene in 30–40 Minuten goldgelb backen. Herausnehmen, abkühlen lassen und möglichst frisch genießen.

Neujahrsglück: Zuckerbrezelchen

Für ca. 30 Stück:
250 g Mehl
150 g kalte Butter
100 g Zucker
1 Prise Salz
1 Eigelb
1 EL Sahne
1 EL Zitronensaft
50 g Puderzucker
1 EL Rum
Hagelzucker zum Wälzen

Mehl mit Butter, Zucker, Salz, Eigelb, Sahne und Zitronensaft rasch zu einem glatten Teig kneten, in Klarsichtfolie wickeln und 1 Stunde kalt stellen. Den Backofen auf 200 °C vorheizen. Aus dem Teig bleistiftdicke Rollen formen, in etwa 15 Zentimeter lange Stücke schneiden und zu Brezeln schlingen. Auf ein mit Backpapier ausgelegtes Blech legen und im vorgeheizten Ofen in etwa 15 Minuten goldbraun backen.
Den gesiebten Puderzucker mit Rum und Wasser zu einem dünnflüssigen Guss verrühren und die lauwarmen Brezeln damit bepinseln. Rundherum in Hagelzucker wälzen und trocknen lassen.

Gold-Stückchen: Mokka-Konfekt

Für ca. 25 Stück:
20 g Kaffeebohnen
200 g Marzipanrohmasse
2 EL Whiskylikör (z. B. Baileys)
Puderzucker zum Ausrollen
25 g Zucker
175 g Vollmilchkuvertüre
Öl für das Blech

Kaffeebohnen im Mörser fein zerstoßen. Drei Viertel davon mit Marzipan und Likör verkneten. Die Masse auf wenig Puderzucker etwa 1 Zentimeter dick ausrollen, in kleine Rechtecke schneiden und kühl stellen.
Den Zucker mit 1 Esslöffel Wasser in einer beschichteten Pfanne goldgelb karamellisieren lassen, dabei nicht rühren. Den verbliebenen Kaffee unterrühren, das Karamell auf ein geöltes Blech gießen und dünn verstreichen. Abkühlen lassen, dann in kleine Stücke hacken oder im Mörser grob zerstoßen.
Die Kuvertüre hacken, über einem heißen Wasserbad schmelzen und leicht abkühlen lassen. Die Mokka-Pralinen damit überziehen und zum Abtropfen auf ein Kuchengitter setzen. Mit etwas Kaffeekrokant verzieren und fest werden lassen.

Nutzung des Titels „Wenn Engel backen …"
mit freundlicher Genehmigung des Weltbild Verlages.

5 4 3 2 1
ISBN 978-3-88117-784-9
Layout: Christiane Leesker
Redaktion: Christiane Leesker

www.hoelker-verlag.de

Printed in China